Gernot Sailer

Modellierung eines Webshops für ein Versandhandels-unternehmen mit UML 2.0

GRIN Verlag

Bibliografische Information der Deutschen Nationalbibliothek:

Die Deutsche Bibliothek verzeichnet diese Publikation in der Deutschen National-
bibliografie; detaillierte bibliografische Daten sind im Internet über http://dnb.d-
nb.de/ abrufbar.

Impressum:

Copyright © 2009 GRIN Verlag GmbH
Druck und Bindung: Books on Demand GmbH, Norderstedt Germany
ISBN: 978-3-656-34481-0

Dieses Buch bei GRIN:

http://www.grin.com/de/e-book/201788/modellierung-eines-webshops-fuer-ein-
versandhandelsunternehmen-mit-uml

Hausarbeit

Modellierung eines Webshops für ein Versandhandelsunternehmen mit UML 2.0

SDE4

Modelliersprachen

und

angewandte Modellierung

Gernot Sailer

WS 2008/09

INHALTSVERZEICHNIS

0 Problemstellung

Ein Versandhändler für Büroartikel möchte eine neue Software für die durchgängige
Abwicklung seiner Geschäftsprozesse implementieren.

Ausgangssituation:
Derzeit können Kunden Waren telefonisch oder per <u>fax</u> bestellen. Dabei werden die
Telefonate von einer Hilfskraft entgegengenommen und in einem <u>Auftragsformular</u> erfasst.
Ein Kundensachbearbeiter führt in der Folge die Aufträge aus, wobei die Auftragsdaten
(Artikel und eventuell Stammdaten bei Neukunden oder Änderung von bestehenden
Kundenstammdaten) aus dem Auftragsformular bzw. aus der Faxbestellung in das
Warenwirtschaftssystem eingegeben werden. Für viele Waren sind Mindestbestände im
Warenwirtschaftssystem hinterlegt deren Unterschreiten eine sofortige Nachbestellung beim
jeweiligen Lieferanten auslöst. Deshalb kann der Versandhändler in den meisten Fällen die
Waren noch am Tag der Bestellung oder am Folgetag an seine Kunden versenden.
Um das Einkaufsverhalten der Firmenkunden künftig besser analysieren zu können wurde
eine Unterteilung der Kunden in Privatkunden und Firmenkunden vorgenommen.
Sowohl bei Privatkunden als auch bei Firmenkunden werden ausschließlich
Kreditkartenzahlungen akzeptiert. Für beide Kundengruppen werden <u>Rechnungen</u> erstellt und
an das Lager versendet als Vorgabe für das Packen der Ware. Im Lager werden die Aufträge
kommissioniert und die abgefassten Artikelmengen von den jeweiligen Artikelbeständen im
System abgebucht. Abschließend werden die kommissionierten Aufträge zusammen mit der
Rechnung an die jeweiligen Kunden versendet.

Künftige Anforderung
Um die Abwicklung der Kundenbestellungen automatisieren zu können soll ein Web-shop
implementiert werden welcher den Kunden eine Bestellung über das Internet ermöglichen
soll.

Aufgabenstellung
Die Modellierung des Lösungsdesigns soll mit Hilfe der Modelliersprache UML 2.0 erfolgen
wobei folgende Diagramme zu erstellen sind:

1. Strukturdiagramme
    1.1 Klassendiagramm
    1.2 Objektdiagramm

2. Verhaltensdiagramme
    2.1 Use-Case Diagramm
    2.2 Aktivitätsdiagramme
    2.3 Zustandsdiagramm
    2.4 Sequenzdiagramm

1 Strukturdiagramme

1.1 Klassendiagramm

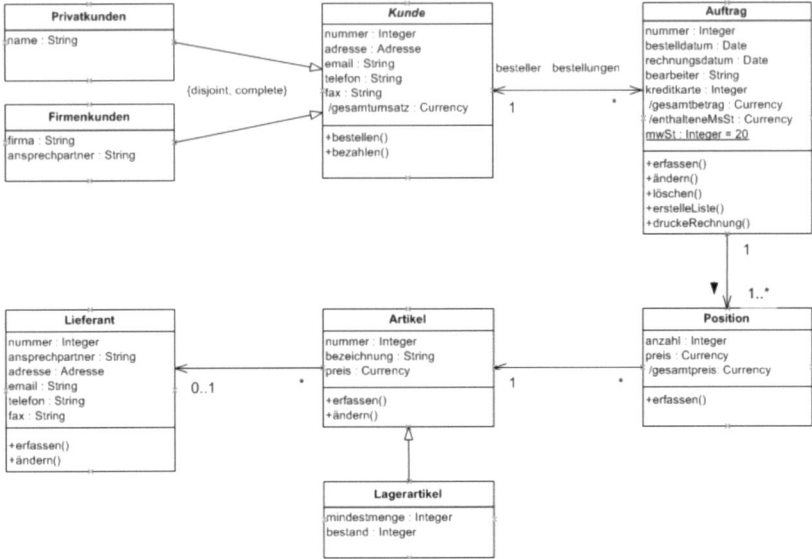

Zur Erstellung des Klassendiagramms empfiehlt sich eine Dokumentanalyse. Aus der oben beschriebenen Problemstellung geht die Verwendung folgender Dokumente hervor:

- Fax – Bestellformular (bei Kundenbestellungen durch Fax)
- Auftragsformular (bei Kundenbestellungen via Telefon)
- Rechnungen

1.1.1 Klassen (Attribute + Operationen)

Kunden, Firmenkunden und Privatkunden

Es wird davon ausgegangen dass das Fax - Bestellformular und das Auftragsformular dieselben Informationen beinhalten. Aus diesen beiden Formularen kann die Klasse „Kunde" entnommen werden und besitzt die Attribute: *Nummer, Adresse, Email, Telefon, Fax*. Auch der Name kann aus diesen Formularen entnommen werden, jedoch soll für Firmenkunden anstelle des bei Privatkunden zu verwendeten Attributs *name* ein Attribut mit der Bezeichnung *ansprechpartner* verwendet werden. Zusätzlich wird bei Firmenkunden der *Firmenname* abgespeichert. Um dieses Problem zu lösen wird eine Generalisierungsstruktur verwendet welche durch den nicht ausgefüllten Pfeil dargestellt ist. Die gemeinsamen Attribute werden in die (abstrakte) Oberklasse „*Kunde*" (gekennzeichnet durch die kursive Beschriftung der Klasse „*Kunde*") eingetragen, die jeweiligen spezifischen Eigenschaften jeweils in die (konkrete) Unterklasse Firmenkunde oder Privatkunde. Die Überdeckung dieser Generalisierungsstruktur ist „complete" (mindestens 1) und „disjoint" (maximal 1).

Damit der Verkäufer beim Öffnen des Kundenfensters auf einen Blick sieht, ob es sich um einen „guten" Kunden handelt, wird zusätzlich der Gesamtumsatz eines Kunden angezeigt, der sich aus der Summe der Gesamtbeträge aller Aufträge dieses Kunden berechnet. Die Zugehörigkeit dieses abgeleiteten Attributs (Abgeleitete Attribute haben das Präfix „/") zur Klasse wird durch den Rollennamen „bestellungen" spezifiziert.

Das Verhalten dieser Klasse wird durch die öffentlichen Operationen „bestellen" und „bezahlen" festgelegt.

Klasse: Auftrag

Aus dem Rechnungsformular lässt sich die Klasse Auftrag mit den Attributen *nummer, bestelldatum, rechnungsdatum, bearbeiter* und *kreditkartennummer* ableiten. Da die Modellierung der Klasse aus der Sicht des Verkäufers (Versandhändler) erfolgt wird diese Klasse mit „Auftrag" bezeichnet da für den Verkäufer ein Auftrag vorliegt (während für den Kunden gleichzeitig eine „Bestellung" vorliegt).

Das Attribut *gesamtbetrag* ist ein von der Klasse „Position" abgeleitetes Attribut dass sich aus der Summe der Gesamtpreise aller Positionen berechnet. Auch das Attribut *enthalteneMwSt* ist ein von der Klasse „Position" abgeleitetes Attribut. Der Mehrwertsteuerbetrag ist in der Rechnung als Gesamtbetrag für alle Posten zusammen anzugeben und nicht etwa für alle Posten einzeln.

Für die Artikel des Shops soll der Mehrwertsteuersatz von 20 % verwendet werden (Annahme: es werden ausschließlich waren mit einem Mehrwertsteuersatz von 20 % vertrieben). Da dieser Attributwert für alle Artikel gleich ist, wird die Mehrwertsteuer als Klassenattribut vom Typ Integer modelliert und gemäß UML durch Unterstreichen gekennzeichnet.

Die Operationen *erfassen, ändern, löschen, ersteleListe, druckeRechnung* sind zu implementieren.

Klasse: Position

Bei der Klasse Position handelt es sich um eine Assoziationsklasse: Jeder Auftrag bezieht sich auf mehrere Artikel. Umgekehrt kann ein Artikel in mehreren Aufträgen enthalten sein. Weiters ist für jeden bestellten Artikel die gewünschte Anzahl und der (Einzel-)preis und der Gesamtpreis festzuhalten da diese Werte auf der Rechnung anzuführen sind. Diese Daten können weder dem Auftrag noch dem Artikel zugeordnet werden, sondern hängen an der Assoziation. Die Assoziationsklasse ist im Diagramm oben allerdings bereits als eigenständige Klasse mit 2 Assoziationen dargestellt.

Das Attribut Gesamtpreis ist ein abgeleitetes Attribut dass sich aus der Multiplikation der beiden anderen Klassenattribute (Anzahl * Preis) errechnet.

Die Operation *erfassen* ist zu implementieren.

Klasse: Artikel + Lagerartikel

Aus der Rechnung kann die Klasse „Artikel" mit den Attributen *nummer, bezeichnung* und *preis* gewonnen werden.

Wie in der Problemstellung oben angeführt gibt es viele Artikel bei denen die Unterschreitung einer Mindestmenge eine Nachbestellung auslöst. Für diese Artikel („Lagerartikel") werden daher Mindestvorräte gehalten weshalb hier von der allgemeinen Klasse „Artikel" die Klasse Lagerartikel spezialisiert wird. Die Oberklasse „Lager" ist keine abstrakte Klasse sondern eine konkrete. Die Spezialisierung wird durch den nicht ausgefüllten Pfeil dargestellt.

Ein Artikel muss erfasst und geändert werden können, weshalb die gleichnamigen Operationen angeführt sind.

Klasse: Lieferant
Zum Lieferant werden die Attribute *firma, ansprechpartner, telefon, fax, email* und *addresse* abgespeichert, welche durch die Operationen erfassen und ändern durchgeführt wird.

1.1.2 Assoziationen

Kunde - Auftrag
Ein Objekt (Kunde) kann sich auf mehrere andere Objekte (Aufträge) beziehen, während umgekehrt jeder Auftrag zu genau einem Kunden gehört. Die Assoziation von „Kunde zu Auftrag" mit der Multiplizität „*" bedeutet, dass es Kunden geben kann, die noch keinen Auftrag erteilt haben. In diesem Fall können beispielsweise Kunden, die nur Informationen angefordert haben gespeichert werden. Die Assoziation von „Auftrag zu Kunde" mit der Multiplizität „1" bedeutet dass es zu einem Auftrag immer genau einen Kunden gibt. Das bedeutet, dass bei der Erfassung eines neuen Auftrags entweder ein vorhandener Kunde zugewiesen oder ein neuer Kunde erfasst werden muss. Es ist nicht möglich, einen Auftrag ohne einen zugehörigen Kunden zu speichern.
Die Assoziation zwischen der Klasse Auftrag und Kunde ist eine bidirektionale navigierbare Assoziation. Die Instanzen beider Klassen können daher in beide Richtungen miteinander interagieren und gegenseitig Operationen aufrufen, was durch den Doppelpfeil im Diagramm dargestellt wird. Der Kunde „kennt" die Aufträge und auch die Aufträge „kennen" den Kunden.

Auftrag - Position
Jeder Auftrag hat mindestens eine Position, kann aber unendlich viele haben (1..*).
Jede Position ist immer genau einem Auftrag zugeordnet (1).
Die Assoziation zwischen der Klasse „Auftrag" und „Position" ist eine unidirektionale navigierbare Assoziation. Vom Auftrag muss auf die Position zugegriffen werden, aber nicht umgekehrt.

Position - Artikel
Jeder Artikel kann in beliebig vielen Positionen enthalten sein (*).
Jede Position kann nur aus einem Artikel (eine Artikelnummer) bestehen (1).
Die Assoziation zwischen der Klasse „Position" und „Artikel" ist eine unidirektionale navigierbare Assoziation. Von der Position muss auf den Artikel zugegriffen werden, aber nicht umgekehrt.

Artikel - Lieferant
Jeder Lieferant kann beliebig viele Artikel liefern (*).
Jeder Artikel kann maximal einen Lieferanten haben (0..1). Es ist auch möglich beim Anlegen eines Artikels noch keinen Lieferanten anzugeben (wenn zum Beispiel noch kein Lieferant ausgewählt wurde).
Die Assoziation zwischen der Klasse „Artikel" und „Lieferant" ist eine unidirektionale navigierbare Assoziation. Vom Artikel muss auf die Position zugegriffen werden, aber nicht umgekehrt. Da bidirektionale Assoziationen aufwändiger zu implementieren sind und hier nicht unbedingt benötigt wird, soll hier eine unidirektionale Assoziation implementiert werden.

1.2 Objektdiagramm

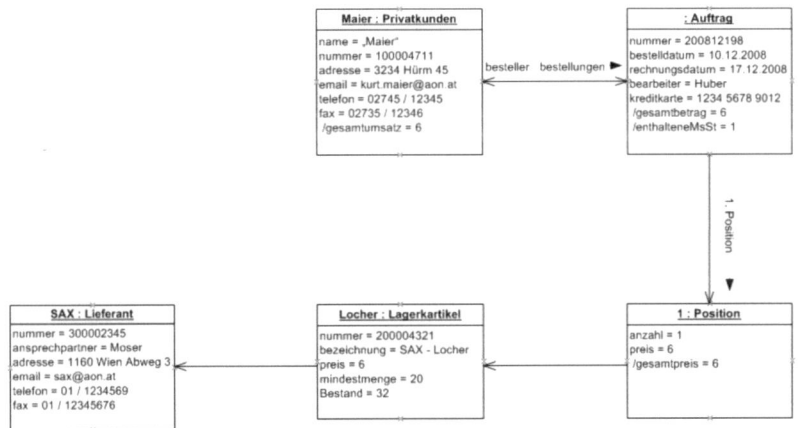

Der Privatkunde Maier führt eine shop - Bestellung am 10.12.2008 durch. Diese Bestellung wird als Auftrag mit der Auftragsnummer 200812198 durch den Bearbeiter Huber im System erfasst. Der Auftrag umfasst eine Position und zwar den Artikel „SAX – Locher" wobei 1 Stück geliefert werden soll. Der Preis inklusive MwSt beträgt € 6. Der Artikel SAX-Locher ist ein Lagerartikel, weshalb die Unterklasse „Lagerartikel" im Objektnamen (Locher : Lagerartikel) angeführt ist. Die Mindestmenge ist 20 Stück, daher wird bei Unterschreiten dieser Anzahl eine Wiederbestellung beim Lieferanten durchgeführt. Derzeit ist der Bestand bei 32 Stück, weshalb der Auftrag sofort ausgeführt werden kann. Lieferant ist die *firma* SAX mit ihrer Niederlassung in Wien.

2 Verhaltensdiagramme

2.1 Use Case - Diagramm

Als wichtigste Aufgabe ergibt sich aus der Problemstellung die Bearbeitung einer eingehenden Bestellung entweder im Shop oder künftig auch im Online - shop.

Im use case „Shop – Artikel erfassen" nimmt eine Hilfskraft telefonisch die Kundenbestellung entgegen und notiert die Bestelldaten auf dem Auftragsformular. Die Hilfskraft entnimmt auch die Faxbestellungen aus dem Fax-gerat und übergibt sie dem Kunden-Sachbearbeiter.

Im use-case „Online – Auftrag erteilen" füllt der Online – Kunde selbst ein web-basiertes Bestellformular aus wobei er seine Stammdaten und die bestellten Artikel bekannt gibt.
Da die

Da die (Teil-) use – cases „Online – Auftrag ausführen" und „Shop – Auftrag ausführen" gemeinsames Verhalten besitzen, werden sie durch den separaten (Basis-) use-case „Auftrag ausführen" beschrieben der mit der include – Beziehung angebunden ist. Die beiden Teil-use-cases und der Basis-use-case werden im folgenden Aktivitätsdiagramm detailliert beschrieben.

2.2 Aktivitätsdiagramm

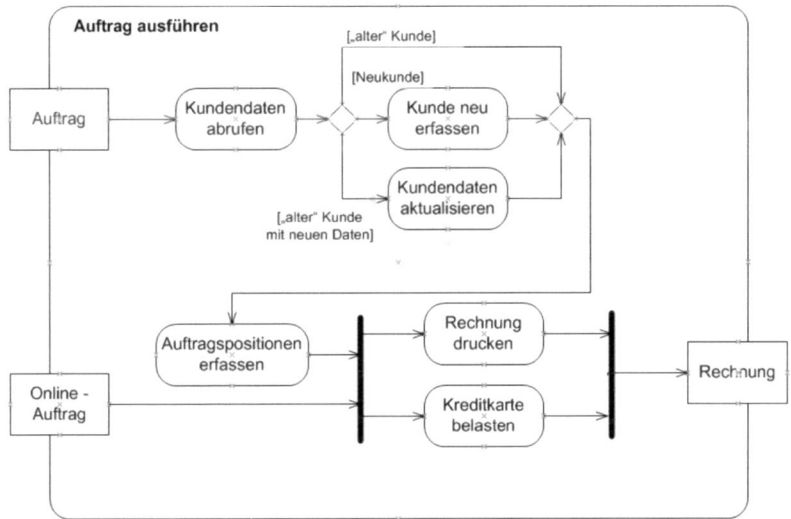

Shop-Auftrag
Der wichtigste use case für das Unternehmen ist „Auftrag ausführen" das von einem Kunden-Sachbearbeiter durchgeführt wird und das durch das Aktivitätsdiagramm in einzelnen Schritten modelliert und dargestellt werden kann.

Das Aktivitätsdiagramm „Auftrag ausführen" startet im Falle des Shop-Auftrages mit der Eingabe „Auftrag" und im Falle des Online-Auftrages mit der Eingabe „Online"-Auftrag.

Das Aktivitätsdiagramm endet mit der Erstellung der Ausgabe „Rechnung". Die Eingaben und die Ausgabe sind durch Parameterknoten beschrieben welche auf den Aktivitätsgrenzen in Form von Rechtecken angetragen sind.

Zuerst erhält der Kunden-Sachbearbeiter sämtliche Aufträge in Form von Fax-bestellungen oder ausgefüllten Auftragsformularen. Dann wird das Warenwirtschaftssystem geöffnet und die jeweiligen Kundendaten abgerufen. Dabei kann es abhängig von folgenden Bedingungen zu unterschiedlichen Aktionen kommen welche nach dem Entscheidungs – knoten eingezeichnet sind:

- „alter Kunde" → Keine Aktion notwendig da die Kundenstammdaten im System bereits erfasst sind
- „Neukunde" → Der Kunde ist im System nicht vorhanden und daher müssen die Kundenstammdaten aus den Eingabe-Dokumenten in das System übertragen werden
- „alter Kunde mit neuen Daten" → Der Kunde ist zwar im System vorhanden jedoch haben sich die Kundenstammdaten geändert. Das System muss um diese Änderungen upgedatet werden wobei die neuen Daten aus den Eingabe-Dokumenten entnommen werden.

Nachdem einer dieser 3 alternativen Pfade durchlaufen wurde kommt es zu einer Zusammenführung welche als Vereinigungsknoten dargestellt ist. In der nächsten Aktion werden vom Kundensachbearbeiter die Auftragspositionen des aktuellen Auftragsdokuments eingegeben.

Die nächsten beiden Aktionen „Rechnung drucken" und „Kreditkarte belasten können in beliebiger Reihenfolge oder auch zeitlich nebeneinander ausgeführt werden weshalb vor diesen Aktionen ein Parallelisierungsknoten und danach ein Synchronisierungsknoten eingezeichnet ist.

Online-Auftrag
Der Online-Kunde hat einen Online-Auftrag erteilt, wobei er seine Stammdaten in das System eingegeben hat und das Online-Bestellformular ausgefüllt hat. Es liegt somit ein Online-Auftrag vor welcher vom Kunden-Sachbearbeiter weiter bearbeitet wird. Es muss für jeden Online-Auftrag die Rechnung gedruckt werden und die Kreditkarte belastet werden.

2.3 Zustandsdiagramm

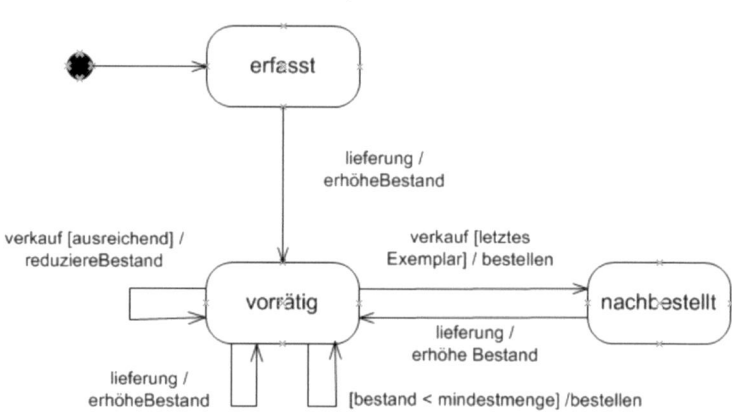

Das Zustandsdiagramm zeigt die 3 Zustände eines Objektes „Artikel" sowie die möglichen Transitionen, Ereignisse Bedingungen und Aktionen.

Lebenszyklus („Zustände" + „Ereignisse") von Lagerartikeln
Ein Lagerartikel, der neu ins Sortiment aufgenommen wird, befindet sich zunächst im Zustand *erfasst*. Zu diesem Zeitpunkt ist der Lagerartikel zwar im System gespeichert, aber es sind noch keine Exemplare im Lager vorhanden. Trifft eine Lieferung ein (Ereignis *lieferung*), dann findet ein Zustandsübergang in den Zustand *vorrätig* statt. Normalerweise dürfte sich ein Lagerartikel in diesem Zustand befinden, da bei Lieferungen und auch bei „normalen" Verkäufen (Ereignis *verkauf*) ein Übergang in den gleichen Zustand erfolgt. Eine Ausnahme liegt vor wenn das letzte Exemplar verkauft wurde (Ereignis *verkauf letztes Exemplar*): Dann findet ein Übergang in den Zustand *nachbestellt* statt. Erst wenn für den nachbestellten Artikel eine Lieferung eintrifft, dann erfolgt wieder ein Übergang in den Zustand *vorrätig*.

Aktionen + Bedingungen bei Transitionen

Das Ereignis *verkauf* kommt immer im Zustand *vorrätig* vor, führt zu einer internen Transition (dargestellt durch rekursiven Pfeil) und löst die Aktion *reduziereBestand* aus wenn die Bedingung *ausreichend* erfüllt ist. Sollte zusätzlich die Bedingung *letztes Exemplar* erfüllt sein, wird die Aktion *bestellen* ausgeführt.

Das Ereignis *lieferung* löst in allen 3 Zuständen immer die Aktion *erhöheBestand* aus, wobei es im Zustand *erfasst* und *nachbestellt* jeweils zu einem Zustandswechsel in den Zustand *vorrätig* kommt während es im Zustand *vorrätig* zu einer internen Transition kommt. Sollte im Zustand vorrätig die Bedingung *bestand < mindestmenge* erfüllt sein, wird die Aktion *bestellen* ausgeführt und es kommt zu einer internen Transition.

2.4 Sequenzdiagramm

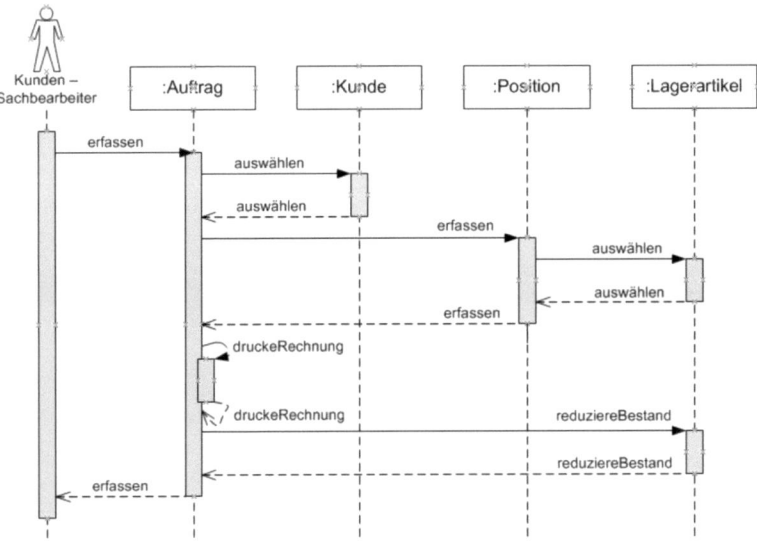

Das Sequenzdiagramm wurde erstellt zur Modellierung des Szenarios „alter Kunde erteilt einen Shop – Auftrag".
An der Horizontalachse sind alle and diesem Szenario beteiligte Kommunikationspartner angetragen. Dies sind das Subjekt „Kunden – Sachbearbeiter" und die Objekte .Auftrag, :Kunden, :Position und :Lagerartikel. Letztere werden durch ein Rechteck dargestellt wobei der Klassenname nach einem Doppelpunkt eingetragen wird.
Die Vertikale definiert die zeitliche Reihenfolge, in der die Teilaufgaben ausgeführt werden.

Jeder Pfeil stellt eine Nachricht dar die beim Empfängerobjekt eine Verarbeitung auslöst. Die Zeitspanne in der eine Operation vom Empfänger ausgeführt wird, ist die Aktionssequenz und wird als längliches Rechteck auf der gestrichelten Linie dargestellt. Wenn die Verarbeitung abgeschlossen ist, dann geht der Kontrollfluss wieder in Form einer Rückantwort (gestrichelte Linie) an das Senderobjekt zurück. Da das Sender- und Empfängerobjekt bei der Nachricht *drucke Rechnung* zur selben Klasse gehören wird die Aktionssequenz übereinander gestapelt.